GW00401632

**Na Saora Bád**

*Shipwrights*

*2* **An Churach Adhmaid**

*The Wooden Currach*

Cian de Buitléar

Cian de Buitléar a d'fhoilsigh
Published by Cian de Buitléar

Fuair an foilseachán seo tacaíocht airgid ó Foras na Gaeilge, ó Údarás na Gaeltachta agus ó TG4, mar aon le tacaíocht eagarthóireachta agus margaíochta ó Ard-Mhúsaem na hÉireann - Saol Tuaithe.

Foilsithe ag Cian de Buitléar
Sruthán
An Cheathrú Rua
Co na Gaillimhe
ÉIRE

ciandebuitlear@eircom.net

Foilsithe 2005
Cóipcheart Cian de Buitléar

Eagarthóir Comhairleach  Séamas Mac Philib
Teacs Séamus Mac Donnachadha

ISBN  0-9549023-1-9

Cé gur féidir bád mar seo a thógáil ag baint leasa as an DVD agus an treoirleabhar seo, luíonn freagarthacht cibé báidí a dhéantar leis an té a dhéanann é.

This Publication has received financial support from Foras na Gaeilge, Údarás na Gaeltachta and TG4 and editorial and marketing support from the National Museum of Ireland - Country Life.

Published by Cian de Buitléar
Sruthán
An Cheathrú Rua
Co na Gaillimhe
IRELAND

ciandebuitlear@eircom.net

Published 2005
Copyright Cian de Buitléar

Advisory Editor  Séamas Mac Philib
Text  Séamus Mac Donnachadha

ISBN  0-9549023-1-9

While a boat like this can be built using this DVD and handbook, responsibility for whatever boat is produced lies with the maker.

# Churach Adhmaid

## Wooden Currach

**1.** Leagtar cíle bréige péine nó learóige; níl anseo ach macasamhail shealadach. Leagfar cíle cheart dharac níos déanaí. Seo an ball, é 2¹/₄" (56 mm) ar tiubhas agus é gearrtha as clár daraí. Tá sé tábhachtach go mbeadh cruth deas ar an mball.

Go minic, is é an ball is túisce a thugtar faoi deara. Daingnítear go an ball leis an gcíle bhréige go sealadach.

**1.** A piece of larch or white deal is used as a false keel. This is merely a template of the final keel, which will be made of oak. The stem is cut from a 2¹/₄" (56mm) thick piece of oak. It is important that this has a nice shape – it is usually the first thing people notice about the boat. The stem is temporarily attached to the false keel.

**2.** An posta agus an trasnán. Cosúil leis an mball tá sé gearrtha as píosa darach 2" (50mm) ar tiubhas. Ach an oiread leis an mball, taithí agus súil mhaith a chinnteoidh an déanamh a bheidh ar an bpéire. Ag leagan bacaird uillinne ar an bposta socraítear an ráca, seo an uile ag a luífidh an trasnán níos déanaí. Is deise a bhreathnaíonn ráca beag ar churach.

**2.** The transom and the sternpost. As with the keel and the stem this post is made from 2" (50mm) thick oak. At this stage the shipwright depends on his eyesight to calculate measurements. The angle of the rake is determined using a bevel. The bevel is laid between the keel and the post. Later this will give us the angle of the transom. A small rake looks best on a currach.

**3.** Ag úsáid siséil, gearrtar rióbóid isteach sa mball. Seo an róbóid a thógfaidh na cláir níos deireanaí.

3. A chisel is used at the base of the stem to cut out the rebate. This is where the planking will eventually meet the frame.

**4.** Socraítear múnlaí seal-adacha sraithadhmaid ag an bpoinnte seo. Ag tosnú leis an múnla láir tá trí mharc ar an íochtar, ceann ar 'chaon taobh na cíle bréige agus ceann amháin i lár báire. Cuirtear marc eile i lár an trasnáin atá in uachtar an mhúnla. Cínntíonn sé seo go mbíonn an cruth ceart ar an gcurach. Nuair a rith-fear sreangán ón mball go dtí an posta ba chóir go mbeadh sé ag rith ós cionn an mharc ar an múnla láir agus na múnlaí eile. Muna mbíonn an múnla díreach beidh an bád ar fad as a chuma.

4. Temporary plywood templates are put in place. The middle template has three markings at its base; one in the centre and one on either side of where the template meets the false keel. A fourth mark is centred in the top crossmember. This ensures that the shape of the boat is true. When a cord is run from the centre of the stem to the centre of the sternpost, the cord will pass directly above the centremarkings of all three templates. If the mould is crooked the boat will be off centre and everything will be out of trim.

**5.** Nuair atá na trí mhúnla socraithe daingnítear iad ag úsáid lataí a ritheann ar fhad an bháid. Is leor ceithre nó cúig lata ar 'chaon taobh den chíle bhréige. Tá cruth an bháid agat anois agus is féidir múnla na bhfrámaí a leanacht gan léaráid ar bith.

**5.** When the three templates are fastened, laths are attached, four or five of them, on each side. These will now serve as a guide to the shape of the other frames. The boat is being built without aid of drawings or plans.

**6.** Marcáiltear amach anois an maide urláir san áit a bhfuil an múnla láir ann. Arís, cuirtear trí mharc orthu siúd, cosúil leis an múnla.

**6.** The central floor frame is now measured by using the plywood template. Again these floor frames will have three markings, like the template.

**7.** Caithtear géilleadh i gcónaí do threoirlínte na lataí go háirithe agus tú ag leagan bun shraith na maidí urláir.

**7.** The shape of the laths must at all times be used as a guide for the floor frames.

**8.** Nuair atá tú sásta go bhfuil an tsraith urláir ceart marcáiltear na maidí ag doimhin 2" (50mm). Gearrtar an fráma urláir agus usáidtear spóc-phlána lena dhéanamh mín, tar éis an tsáibh-innil a ghearradh.

**8.** Having checked that the underside of the floor frame is correct, its depth is marked at 2" (50mm). The floor frame is cut and a spoke-shave ensures a smooth finish after the rough cut of the chainsaw.

**9.** Cuirtear fiarfhaobhar ar chloigne na maidí urláir; breathnaíonn sé go deas agus déanann sé an tairneáil níos éasca freisin.

**9.** The ends of the floor frames are chamfered. This gives a nice appearance and makes it easier to drive the nails.

**10.** Tógtar múnla ó na lataí agus gear-rtar an meán-easna as an dair. De réir mar a dhéanann tú na meán-eas-naí is maith an beart iad a úsáid mar mha-casamhail don taobh eile. Cinnteoidh seo cruinneas agus éascaíocht. Ag úsáid teanntáin, is féidir an uile ag a luífidh an meán-easna a athrú de réir mar a theastaíonn.

**10.** Based on a template taken from the laths a futtock is cut from oak. It is advisable to duplicate the futtocks on both sides as you go along. This ensures the work is accurate and makes the whole process simpler. Using clamps it is easy to change the angle of the futtock as required.

**11.** Sa gcás seo is dair atá sna frámaí uilig agus is ceart gliú mara ar nós "Puracol" a úsáid lena ndaingniú le chéile. Is leor tairne amháin ag chaon cheann na bhfrámaí ag an bhfiarfhaobhar. Tá sé in am anois na múnlaí sraithadhmaid a thógáil as an mbealach. Is leor na lataí anois le haghaidh an múnla ceart a thabhairt.

**11.** All the frames in this currach are made of oak and a marine glue such as "Puracol" should be used to fasten them. One nail in either end of each frame at the chamfer should be sufficient. The plywood templates should now be removed. The overall shape of the currach is now evident.

**12.** Tá na maidí urláir agus na meán-easnacha socraithe, tá sé in am na cas-adhmaid a chur in áit. Arís caith-fear géilleadh do na lataí chun an múnla a leanacht.

**12.** The flooring frame and futtocks are in place. Attention now switches to the tops. As before, the laths are used as a guide.

**13.** Tá na maidí urláir i bhfad níos géire chun tosaigh agus leantar múnla na lataí le na cas-adhmaid a shocrú.

**13.** The flooring frame forms a much sharper angle toward the front of the cur-rach. The laths act as a guide when position-ing the tops.

**14.** Caithfear eang a ghear-radh ar na maidí ceangail chun go luífidh na seasanna orthu. Moltar spás, ¹/₈" (3mm) a fhágáil idir an seas agus an maide ceangail, ionas go mbeidh aer eatarthu, le lobhadh a sheachaint sa dá áit.

**14.** A notch is made in the stringer for the thwarts to fit into. A spacing of ¹/₈" (3mm) is recommended between the thwart and the bend, this allows air to circulate, otherwise the bend could rot and so too could the end grain of the thwart.

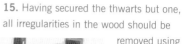

**15.** Anois agus í framáilte, cé is moite d'easna amháin glanann an líomhadóir uillinne an taobh istigh, rud a chintíonn go mbeidh cuar glan deas ar adhmad na bhfrámaí.

**15.** Having secured the thwarts but one, all irregularities in the wood should be removed using an angle grinder. This will ensure a nice even curve.

**16.** Seo amharc eile ar na frámaí ach an uair seo tá muid ag breathnú chun cinn. Tá an cúigiú easna ar iarraidh, ar an dá thaobh.

**16.** This is another view of the frames. This time we are looking forward. Note that the fifth frame is missing on both sides.

**17.** Tá na heasnacha ar fad déanta anois agus ag an bpoinnte seo tá sé tábhachtach iad a neartú. Is é an stána a dhéanann é seo. Láidríonn sé na heasnacha ar fad agus coinníonn sé in áit iad. Beidh sé úsáideach mar stráca cuimilte chomh maith.

**17.** All the frames are now complete and at this point it is important to give them support. The bend strengthens all the frames and also ensures they stay in place. This will interact as a rubbing strake.

**18.** Taca eile, taobh istigh den bhád, an maide learóige seo ar a luíonn na seasanna. Dhá tháirne go fiarthrasna i chuile easna a choinníonn an taca seasa. Caithfear cinntiú nach mbeidh siad díreach ós cionn a chéile ar fhaitíos go scoiltfeadh an t-adhmad.

**18.** This is a stringer that is fitted to give extra support. The thwarts will lie on this larch beam. Two nails, driven diagonally in each frame hold the stringers. This helps to prevent the timber from splitting.

**19.** Tá sé in am anois na trí sheas a shocrú. Neartóidh siad an méid oibre atá déanta go dtí seo. San áit a bhfuil an stána ag coinneál na n-easnacha, cinnteoidh na seasanna go mbeidh an leithead ceart ag an mbád.

**19.** It is now time to fit the three thwarts. They will strengthen the structure further. The thwarts will prevent the boat from widening or narrowing and the bend will hold every frame rigid.

**20.** Tógtar anuas múnla an trasnáin le haghaidh an t-adhmad ceart a thomhais agus a ghearradh don trasnán. Is leor learóg d'íochtar an trasnáin ach ní mór dair a úsáid san uachtar. Beidh an dair breá láidir chun inneall a iompar. Baintear leas as Sudaflex chun a chinntiú go mbeidh an trasnán daingnithe don phosta agus nach scaoilfidh sí isteach aon uisce.

**20.** The plywood transom should now be removed and used as a template to mark the actual transom's measurements. Larch can be used in the lower section of the transom but oak should be used in the upper part, to take the weight of an outboard engine. Sudaflex is used between the transom and the stern post to prevent water getting in under the keel and to preserve the timber.

**21.** Dhá phíosa atá sa trasnán agus cinnteoidh na tairní sincithe 3" nó 4" (75 nó 100mm) nach dtarraingeofar as an bposta iad. Is leor sé chinn acu.

**21.** The transom consists of two separate pieces of wood and the 3" or 4" (75 or 100mm) galvanised nails will secure it to the sternpost. Six nails should do it.

**22.** Tá an trasnán anois daingnithe sa bposta ach ní mór maidí ceathrúin a mhúnlú anois le cur mar thaca don trasnán.

**22.** The transom is now secured to the sternpost. Quarter knees should now be moulded to support it further.

16

**23.** Seo na maidí ceathrúin buailte suas in aghaidh an trasnáin. Is é an stráca uachtair an chéad chlár a dhaingnítear agus ar mhaithe le láidreacht an bháid is fearr gan ach clár amháin a úsáid.

**23.** Here are the quarter knees set against the transom. The upper strake is the first board that should be secured. To further strengthen the currach a single plank should be used.

**24.** Ó tharla go leanfaidh an stráca uachtair cruth an bháid tá roinnt mhaith oibre ar a chur isteach, go háirithe amuigh chun tosaigh agus ar gcúl. Ceal cunaimh tá neart teanntán ag teastáil. Nuair atá taobh amháin gearrtha is féidir é a chasadh timpeall mar mhacsamhail chun an taobh eile a mharcáil!

**24.** As the upper strake needs to follow the curve of the boat it entails a lot of work to fit, especially fore and aft. If working alone, plenty of clamps will be needed. When the upper strake for one side of the currach has been shaped it is convenient to use it as a guide for the opposite side.

**25.** Neartaíonn na glúine an creatlach agus cuireann siad slacht freisin ar an obair chríochnaithe. Leantar an stráca uachtair agus cuirtear cloigeann istigh na nglún in oiriúint le fiarfhaobhar.

**25.** Good knees both strengthen the structure and also make it look attractive. The inner section of the knee is chamfered to meet the outer strake, in both the aft and forward sections. The knees on the centre thwart usually don't need chamfering. The gunwale is placed on the tops and the knees lie between the gunwale and the thwart.

Ní iondúil go dteastóidh sé seo a dhéanamh don seas láir mar gurb é seo an áit is dírí ina bhfuil an stráca uachtair. Leagtar an slat boird ar bharr na gcasadhmaid agus luíonn na glúine idir an seas agus an slat boird.

**26.** Tá sé riachtanach go mbeadh greim mhaith ag na glúine ar an seas agus ar an mbord. Cinnteoidh neart Puracol agus fáisceadh teanntáin é seo.

**26.** It is important that the knees are firmly secured to the gunwale and the thwart. Puracol glue and clamping ensures this.

**27.** Feiceann muid anseo an chaoi a luíonn na glúine idir na seasanna agus na boird. Cuireann an spóc-phlána slacht orthu! Tá glún eile curtha amach chun cinn ag ceangal na slat boird.

**27.** Here we see the knees in between the gunwale and the thwart. The spokeshave tidies the work. Another knee is fitted to the bow connecting the gunwales.

**28.** Tairneáiltear cléití learóige ós cionn dhá fhráma chun gur féidir an bád a fheistiú sa gcéibh nó í a chur ar ancaire. Ag tiomáint na dtairní, caithfear a bheith cúramach gan an learóg a scoilteadh.

**28.** Larch cleats are nailed above the two frames so the boat can be moored. Care must be taken not to split the larch while nailing the cleats.

**29.** Is minic le saortha a marc nó a n-ainm a ghreannadh áit éigin sa mbád agus is iondúla go ndéantar sin ar an maide feistithe cinn.

29. Most shipwrights carve their initials somewhere in the boat. The forward mooring point in the currach is the most traditional place to do so.

**30.** Tá an churach iompaithe béal fuithi anois agus tógtar amach an chíle bhréige. Anseo feictear an ball agus freisin na líméir sna maidí urláir. Cinntíonn siad seo nach mbaileoidh aon uisce idir na frámaí.

30. The currach is righted now and the false keel is removed. Here we see the stem and also the water channels/limberholes in the floor frames. These channels ensure that no water lodges between the frames.

**31.** Seo an chíle nua daraí agus í scaoilte siar thar an trasnán. Tabhair faoi deara an fuílleach Suda-flex a úsáidtear idir an chíle, an posta, na maidí ceathrúin agus na maidí urláir. Cinnteoidh sé seo go mbeidh na poinntí ceangail ar fad saor ó uisce. Arís úsáidtear teanntáin chun iad a fháisceadh ina chéile.

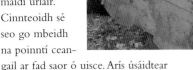

**31**. This is the oak keel which for now is excessively long. Sudaflex is used on the inside of the keel to create a watertight joint at the deadwoods, the sternpost, the quarter knees and the floor frames. This ensures all of the joints are watertight. Again, clamps are used.

**32.** Mar a rinneadh thuas, ní mór cinntiú go mbeidh an chíle saor ó uisce amuigh chun tosaigh, san áit a nascann sé leis an mball.

**32**. The same procedure must be followed to the fore where the keel meets the stem.

**33.** Is féidir meáchan ar nós bloc straighin a úsáid le haghaidh an creatlach a choinneáil socair, le linn na hoibre.

**33**. A concrete block can be used to stabilise the structure while working.

**34.** Seo an stráca gearbair, an chéad chlár a shocraítear. Ach an oiread leis an stráca uachtair tá roinnt mhaith oibre air. Luíonn an gearbar isteach leis an riobóid atá sa gcíle. Tá sé leathan ina lár agus caol ag na cloigne. Plánáiltear an clár sula socraítear ar na frámaí é. Tá sé níos éasca é a dhéanamh sula dtagann cruth na cíle air.

**34.** The first plank, right beside the keel is the garboard strake. Like the upper strake it takes a lot of work to fit. The garboard strake fits into the rebate of the keel. It is narrow at both ends and broad in the middle. The garboard is planed at this stage, as it is easier to smooth before it assumes the curve of the keel.

**35.** De réir mar a mhúnlaítear stráca is féidir a mhacasamhail a mharcáil don taobh eile. Deis an-mhaith an teanntán urláir le haghaidh na cláir a thiomáint abhaile.

**35.** As each plank is shaped it is convenient to use it as a guide for the opposite side. The flooring clamp is perfect for tightening the planks.

**36.** Tá sé tábhachtach go luífeadh chuile chlár cothrom leis na frámaí. Tá na teanntáin go maith ag fáisceadh na gclár.

**36.** It is important that all the planks lie flush with the frames. The clamps make the task easier.

**37.** Fágtar farasbarr ar na cláir chun go gclúdóidh siad an trasnán.

**37.** As with the keel the planks should be reaching beyond the end of the transom.

**38.** Tá sé tábhachtach go mbeadh na heasnacha go deas mín chun go dtógfaidh siad na cláir go héasca. Ní mór a chinntiú freisin nach mbíonn aon spás idir an fráma agus na cláir ar fhaitíos go rachadh uisce isteach ann.

**38.** The frames are planed so the planks lie completely flush. It is important that there be no space between the frames and the planks to avoid water logging.

**39.** Chun gur féidir an bád a chorcáil ní mór eang nó oscailt a fhágáil idir na cláir. Moltar go mbeadh ²/₃ den dá chlár ag bualadh agus go mbeadh an ¹/₃ eile oscailte, mar a bheadh an litir V.

**39.** A gap should be left between the planks to allow for easy caulking. It is recommended that ²/₃ of the plank thickness should meet, with the outer ¹/₃ opening in a slender V shape.

**40.** Is fearr i gcónaí na strácaí a rith in aon phíosa amháin ar fhad na curaí, Déanann sin an obair níos deacra, ach ag úsáid na dteanntán tarraingítear an clár isteach chuig na heasnacha. Daingnítear é le tairní sincithe 'rose head' báid.

**40.** Ideally, planks should run the full length of the boat. This makes for hard work but again the clamps are used to bring the planks and frames together. Galvanised rose-head boat nails are used to secure the planks.

**41.** Ag úsáid teanntán leantar siar an clár nó go mbíonn sé tiomáinte abhaile.

**41.** A series of clamps, frame by frame, are used along the length of the plank to mould it into shape, nailing at each frame as you go.

**42.** Tá an craiceann curtha suas anois, cé is moite d'aon phíosa cúng amháin. Seo an clár ceangail. Níl aon deis anseo chun teanntáin a úsáid le haghaidh an clár deireadh a fháisceadh isteach ina áit agus go minic cuirtear isteach dhá leath-chlár.

**42.** Planking is almost complete. All that remains is one slender board which is called the filling piece. Because of its position no clamp can be used to put it in place. As a result of this, two separate planks are often used.

**43.** Anois agus na cláir ar fad istigh is maith an beart an plána a chuimilt ar an áit a mbuaileann na cláir le chéile. Osclaíonn seo na síomaí idir na cláir.

**43.** Once planking is complete, some planing is recommended to open the joints and round the hull.

**44.** Tá sé in am anois an churach a chorcáil. Inniu, úsáidtear codás saorga. Cuirtear bunchóta mastic san eang chun greim níos fearr a thabhairt dó.

**44.** It is time now to caulk the currach. Synthetic cotton is used nowadays. An undercoat of mastic primer is put into the groove to ensure better adhesion.

**45.** Seo an chorcáil á oibriú ag máiléad iarann corcála. Tabhair faoi deara an chaoi an bhfuil an t-iarann á bhualadh béagán claonta, an ordóg agus an corrmhéar i dtreo chabhail an bháid.

**45.** Caulking is done using a mallet and a caulking iron. Note the way the iron is held at a slight angle with thumb and fore-finger towards the hull.

**46.** Tá sé in am anois chuile chloigeann tairne a chlúdach le Sudaflex.

**46.** Sudaflex is applied to every nail head.

**47.** Cuirtear an Sudaflex ar chuile shíoma agus ar aon scoilt ghréine freisin.

**47.** All joints and cracks in the timber are treated.

**48.** Tá roinnt mhaith oibre ar an bpíosa brollaigh agus caithfear píosa gnaíúil darach a úsáid. Is glúin eile é seo atá mar thaca ag fáisceadh chloigeann an bháid.

**48.** The breasthook requires a lot of work and a large piece of oak should be used. This is another knee which acts as a support to the bow.

**49.** Mar atá an píosa brollaigh ag neartú chloigeann an bháid, tá na glúine ceathrúin ag neartú an trasnáin. Adhmad crua atá sna rilicí, iad socraithe fad uilinne, thart ar 15" (380mm), ó ghlúin an tseasa. San áit a luífidh d'ordóg - lár báire na rilice - áit an phoill chnoga.

**49.** The breasthook strengthens the bow in the same way the quarter knees strengthen the transom. The oar rests are made from hardwood and their centres are placed about 15" (380mm) from the thwart knee. According to the old rule of thumb the distance between the thwart knee and the thole pin corresponds to the length between the elbow and the thumb.

**50.** Feictear anseo freisin an dual ceangail a d'úsáidtí san am a caitheadh le cinntiú go mbeadh an maide ceangail idir an chíle agus an posta nó an ball tirim. Tiomáintear an dual isteach ón taobh. Doirtear tarra te síos sna teiltreacha chun cinn agus ar gcúl. Coinneoidh sé seo tirim iad agus stopfaidh sé an t-adhmad ó lobhadh.

**50.** Here is the "stopwater", a dowel that was used in years gone by to ensure that the joint where the keel met the stem or the stern-post stayed waterproof. It is driven into the joint from the side. Hot pitch is poured into the bow and stern section of the currach to prevent water from lodging there and eventually rotting the timber.

**51.** Caithfear anois an craiceann ar fad a lomadh, jab é seo don mhíneadóir. Cuirtear brat maith ola rois, a bhíonn téite, ar an learóg uilig atá istigh sa gcurach. Tugann seo cosaint mhaith in aghaidh na haimsire.

**51.** The sander removes any excess sealant. Hot linseed oil is applied liberally to the untreated larch on the inside of the boat. This preserves the timber.

**53.** Úsáidtear líomhadóir uillinne le haghaidh an stráca uachtair a lomadh.

**53.** An angle grinder is used to smooth the upper strake.

**54.** Cuirtear bunchóta péinte mara ar an gcraiceann.

**54.** A marine primer is applied.

**55.** Teastóidh trí chóta péinte mara le haghaidh an bád a chríochnú.

**55.** The boat will need three coats of marine paint before it is fully finished.

**56.** Seo í slán ó lámh an tsaoir agus í chomh sleamhain le rón! Cuireann an stána, agus dath bán air, go mór le slacht an bháid.

**56.** Here we see the finished product, as smooth as silk. The white bend/rubbing strake enhances the boats appearance.

**Notaí *Notes***

## Notaí *Notes*

## Gluais

Ball *Stem*
Cas adhmaid *Tops*
Cíle *Keel*
Clár Boird *Covering Board*
Clár Ceangail *Filling Piece*
Cléití *Cleats*
Corcáil *Caulking*
Dual ceangail *Stopwater*
Fiarfhaobhar *Chamfer*
Gearbar *Garboard Strake*
Glúine *Knees (thwart)*
Glúine Ceathrúin *Transom Knee*
Líméar *Water Channel/Limberholes*
Líomhadóir Uillinne *Angle Grinder*
Maide Ceangail *Deadwood*
Maide Feistithe Cinn *Forward Mooring Point*
Maide Urláir *Floorframe*
Maidí Ceathrúin *Stern Knees/Quarter Knees*
Meán-Easna *Futtock*
Ola Rois *Linseed Oil*
Píosa Brollaigh *Breasthook*
Posta *Sternpost*
Ráca *Rake*
Rilic *Oar Rest*
Riobóid *Rebate*
Seas *Thwart*
Slat Boird *Gunwale*
Spócphlána *Spokeshave*
Stána *Bend*
Stráca Uachtair *Upper Strake*
Taca Seas *Stringer*
Teiltreacha *Platform*
Teanntáin *Clamps*
Teanntáin Urláir *Flooring Clamp*
Trasnán *Transom*

## Glossary

Angle Grinder *Líomhadóir Uillinne*
Bend *Stánna*
Breasthook *Píosa Brollaigh*
Caulking *Corcáil*
Chamfer *Fiarfhaobhar*
Clamps *Teanntáin*
Cleats *Cléití*
Covering Board *Clár Boird*
Deadwood *Maide Ceangail*
Filling Piece *Clár Ceangail*
Floorframe *Maide Urláir*
Flooring Clamp *Teanntáin Urláir*
Forward Mooring Point *Maide Feislithe Cinn*
Futtock *Meán-Easna*
Garboard Strake *Gearbar*
Gunwale *Slat Boird*
Keel *Cíle*
Knees (thwart) *Glúine*
Linseed Oil *Ola Rois*
Platform *Teiltreacha*
Rake *Ráca*
Rebate *Riobóid*
Spokeshave *Spócphlána*
Stem *Ball*
Stern Knees/Quarter Knees *Maidí Ceathrúin*
Sternpost *Posta*
Stopwater *Dual Ceangail*
Stringer *Taca Seas*
Thwart *Seas*
Tops *Cas Adhmaid*
Transom *Trasnán*
Transom Knee *Glúin Ceathrúin*
Upper Strake *Stráca Uachtair*
Water channel *Líméar*

## Admhálacha *Acknowledgements*

**Deirdre Davitt**
Foras na Gaeilge

**Máirtín Ó Conghaile**, **Éamon Ó h-Éanaigh**
Údarás na Gaeltachta

**Pól Ó Gallachóir**
TG4


Teacs *Text*
**Séamus Mac Donnchadha**

Eagarthóir Comhairleach *Advisory Editor*
**Dr. Séamas Mac Philib**
Coimeadaí na mBád, Ard-Mhúsaem na hÉireann - Saol Tuaithe
Curator of Boats, National Museum of Ireland - Country Life

Dearadh *Design*
**Terry Greene**  Vinovate (terrygreene@eircom.net)

Buíochas le: *Thanks to:*
**Bairbre de Buitléar, Éamon agus Laillí de Buitléar, Bernie Byron, Paul Doyle, Cillian Fennell, Michael Mac Donnacha, Peadar Mac Con Iomaire, Joe Murphy, Máirín Ní Ghadhra, Raghnall Ó Floinn**